AF444520